Oskar Ontario

Sport ist keine Mathematik – weniger Rechnen, mehr gewinnen!

1. Auflage

Copyright © 2020 by Oskar Ontario, Völklingen

Covergestaltung by Oskar Ontario

Herstellung und Verlag:

BoD- Books on Demand, Norderstedt

ISBN: 978-3-7504-7010-1

Inhalt:

I.   Einleitung

Im folgenden Text geht es hauptsächlich um das Aufzeigen und Begründen, weshalb ich der Meinung bin, dass man bei Sportwetten nicht viel mit dem sogenannten (mathematischen) Begriff des „Erwartungswertes" anfangen kann.

Da man bei (fast) jeder abgegebenen Wette die Erwartung hegt, dass man gewinnt, möchte ich zur Unterscheidung folgende Regel auflegen:

Der mathematische Begriff des Erwartungswertes wird im Folgenden mit „Ew" abgekürzt.

Der buchstäbliche Begriff der Erwartung wird ausgeschrieben.

II.   Das „Problem" mit dem Erwartungswert

In vielen Büchern zum Thema Sportwetten, lassen sich eine Menge „Experten" darüber aus, wie hochmathematisch man agieren müsste, um dauerhaft mit Sportwetten Geld zu verdienen.

Weiterhin lese ich häufig Titel wie: Reich durch Sportwetten oder Dauerhaft Geld verdienen mit Sportwetten u. v. m.

Glauben Sie ernsthaft, dass wenn jemand mit Sportwetten (diesen Autor mit eingeschlossen) Millionär geworden wäre, er sich die Mühe macht, so ein Buch zu schreiben? Also ich würde mein Geld nehmen und mir ein schönes Leben machen … . Sie doch auch, oder!?

Ich will darauf hinaus, dass diese Titel die Gier der Menschen wecken sollen … und sonst nichts – meiner Ansicht nach.

Kommen wir nun zum eigentlichen Thema:

Dem Erwartungswert (Ew)

In der Mathematik gibt der Ew an, welches Ergebnis als Mittelwert aufgrund eines durchgeführten Experimentes zu erwarten ist.

Bsp.:

Wenn ich 1000 mal mit einem normalen Spielwürfel würfele, und die Augenzahlen addiere und das Ergebnis dieser 1000 Würfe durch 1000 teile, ist zu erwarten, dass das Ergebnis bei etwa 3,5 liegen wird.

Die Ziffern 1, 2, 3, liegen unter diesem Wert und die Ziffern 4, 5, 6 liegen darüber. Somit ist das Ergebnis etwa 3,5.

Viel Spaß beim Versuchen ☺

Dies überträgt man nun also auf eine Sportwette. Man errechnet sich selbst eine Quote, die einem dann sagt, ob die vom Anbieter angebotene Quote für einen gut oder schlecht ist.

Allein hieraus ergeben sich schon zwei große Probleme:

1. Welche Werte lege ich mir selbst zugrunde?

Nehmen wir ein krasses Beispiel, weil dies das Problem gut verdeutlicht:

Der Verein Virtus Verona spielte in den ersten 23 Ligaspielen der Saison 20/21 nur ein einziges Mal 0:0.

Man geht allgemein davon aus, dass etwa 8% aller Fußballspiele 0:0 enden. Dies bedeutet jedes 12,5 Spiel ohne erzieltes Tor abgeschlossen wird.

Im vorliegenden Fall spielte Virtus nur 1x in 23 Spielen 0:0, was einem Prozentsatz von etwa 4,35% entspricht.

Wenn ich also tippen möchte, dass in einem Ligaspiel von Virtus Verona nach dem 23. Spieltag mindestens 1 Tor fällt, habe ich aufgrund des bisherigen Verlaufs „die Wahrscheinlichkeit auf meiner Seite". Allgemein enden 8% aller Spiele 0:0, wenn Virtus Verona beteiligt ist, aber nur etwa 4,35%.

Vor dem 24. Spieltag lag die Quote, dass bei Virtus mindestens 1 Tor fällt zwischen 1,04 und 1,07. Dieses Spiel endete ebenso, wie die Spiele am 25., 26. und 27. Spieltag 0:0!!! Also 4x 0:0 hintereinander und 5x 0:0 in 27 Spielen.

Dies ist wie gesagt ein krasses Beispiel, aber wie man sehen kann, kommt so etwas tatsächlich vor. Wenn ich nun sage, dass dies mein Wettsystem ist, dann wäre ich hier ganz schön aufgeflogen. Denn nach dem zweiten Unentschieden, könnte man sich aufgrund des bisherigen Saisonverlaufs ziemlich sicher sein, dass im nächsten Spiel mit Virtus Beteiligung wieder ein Tor fällt. Ist es aber nicht. Und da man verloren hätte, setzt man im nächsten Spiel wieder und im nächsten wieder und verliert insgesamt 4x hintereinander, wer weiß wie viel Geld, obwohl der Ew etwas anderes verlauten ließ!?

Da es sich beim Ew um einen Mittelwert handelt, muss man mMn folgende zwei Dinge beachten:

1. Wenn der Ew eine Eintrittswahrscheinlichkeit von 97% voraussagt, gibt es eine 3%ige Wahrscheinlichkeit, dass dieses Ereignis eben nicht eintritt. Und nachdem das Spiel gespielt worden ist, ist der Ew an das Ergebnis des Ereignisses anzupassen – logisch. Konkret bedeutet dies, dass von 100 Ereignissen 97 das Ergebnis „Ja" besitzen und 3 das Ergebnis „Nein". Woher wissen Sie zuvor, welche der beiden Möglichkeiten eintreten wird? So oder so hat der Ew recht. Es gibt keine 100%ige Sicherheit, sondern nur eine geringe, mäßige oder starke Tendenz zur einen oder zur anderen Seite.

2. Um einen möglichst genauen Ew zu erhalten benötigt man möglichst viele Ergebnisse /

Ereignisse, die man als Grundlage für die Berechnung zugrunde legen kann. Aber was nimmt man nun alles hinzu? Im oben genannten Beispiel, kann man sich z. B. auf die 0:0 Ergebnisse der jeweils gegeneinander antretenden Fußballvereine festlegen. Man kann aber auch die H2H Ergebnisse der beiden Vereine als Grundlage nehmen, aber dann muss man entscheiden, wie viele Jahre man zurückgeht. Nimmt man vielleicht nur die Heim- und Auswärts Ergebnisse der beiden Vereine!? Oder nimmt man alle Zahlen, die man aus den letzten 30 Jahren zusammentragen kann und bildet hieraus einen Mittelwert!?

Genau hier kommt nun mein Punkt. Das Fußballspiel, das am nächsten Samstag stattfindet, hat noch nie stattgefunden und es wird auch danach nie wieder stattfinden!

Warum?

Ganz einfach: Es agieren Menschen und Menschen sind keine Maschinen, die und deren Verhalten man berechnen kann – auch nicht tendenziell – mMn.

Vielmehr handelt es sich um eine Rechnung mit mindestens 29 Variablen (2x 11 Spieler auf dem Platz, 2 Trainer, 4 Schiedsrichter und die Abteilung der Videoassistenten). Jeder der Spieler kann besonders gut, extrem schlecht oder wie erwartet spielen. Jeder Spieler kann Fehler machen – ebenso die Schiedsrichter. Er kann ein reguläres Tor nicht geben oder ein irreguläres Tor zählen lassen. Der Videoassistent kann eingreifen oder es sein lassen. Der Trainer kann ein gutes oder ein schlechtes Händchen bei seinen Auswechslungen haben. Ein wichtiger Spieler kann sich kurz nach Beginn des Spieles verletzen und und und … Die verschiedenen Möglichkeiten eines Ereignisses in dem Menschen agieren hat „X Variablen" und kann „eine Million Verläufe" nehmen.

Und diese maßen Sie sich an, berechnen zu können!?

Nicht wirklich, oder?!

Ich bestreite nicht, dass es ganz klar Verläufe gibt, die wesentlich wahrscheinlicher oder eben unwahrscheinlicher sind, als andere. Aber hieraus einen konkreten Wert ermitteln zu können, wie in dem Beispiel mit den 1000 Würfen eines normalen Würfels, ist aus den beiden bereits genannten Gründen nur sehr, sehr schwer möglich:

1. Es agieren Menschen und somit „unbekannte" Variablen.
2. Die meisten Ereignisse haben bisher gar nicht oft genug stattgefunden, als dass man mehr als eine wage Tendenz errechnen könnte.

Ein anderes Beispiel ist die Spielpaarung Union Berlin gegen Borussia Dortmund. In der Sportschau kam der Hinweis, dass es B. Dortmund bei diesen Begegnungen bisher nie gelungen ist, in der regulären Spielzeit, also nach 90 Minuten, den Sieg davonzutragen.

Bzgl. des Ew bedeutet dies, dass die Wahrscheinlichkeit dass B. Dortmund gewinnt „0,0" ist und das Ereignis „1X", also das Union Berlin nicht verliert, gleich „1,0" ist.

Tatsächlich hat Union das Spiel 3:1 gewonnen, hatte aber bei den Buchmachern Quoten zwischen 2,72 und 3,15, dass sie das Spiel nicht verlieren. Ganz schön blöd diese Buchmacher, was!? Der Ew auf Grundlage der bisherigen Ergebnisse der beiden Mannschaften ist 1,0, also 100% gewesen, und trotzdem machten Wettanbieter die Mannschaft von Union zum „krassen" Außenseiter.

Das liegt daran, dass die Wettanbieter wahrscheinlich, oder in diesem Fall ganz sicher, andere Parameter, als Grundlage für ihre Berechnungen zugrunde gelegt haben.

Somit kommen wir zum Fazit:

Glaube keiner Statistik, die du nicht selbst gefälscht hast.

Und ganz wichtig:

Jedes Spiel ist ein „einzigartiges" selbständiges Ereignis. Alle Spiele beginnen mit Spielminute 1 von neuem und einem Spielstand von 0:0. Klingt banal - weil es das auch ist.

III. Mein Ansatz / meine „Lösung"

Mein Ansatz, wie ich an Sportwetten gehe, nachdem ich viele, viele Möglichkeiten, Theorien und ach so tolle Rechnungen, auch über „programmierte" Tabellenkalkulationen durchgeführt habe, ist das Prinzip:

Sehen und Verstehen!

Wie oben bereits nebenbei bemerkt worden ist, ist es allgemein so, dass man sagt, dass etwa 8% aller Fußballspiele torlos enden. Genau bedeutet dies, dass wenn man alle Fußballspiele nimmt, jedes 12,5. Spiel 0:0 als Ergebnis hat. Von 100 wahllos gewählten Spielen enden 8 ohne Treffer.

Da es keine halben Spiele gibt, gehe ich zur sicheren Seite und rechne mit dem Wert 12.

Das bedeutet also, wenn ich ohne Rücksicht auf irgendwelche Gegebenheiten ALLE Fußballspiele hinsichtlich des Ereignisses „es fällt mindestens 1 Tor" tippen möchte, müsste ich davon ausgehen, dass jedes zwölfte Spiel torlos endet, also auch jedes 12. Spiel, welches ich mir aussuche, und ich somit diese Wette verlieren würde.

Ganz wichtig ist hier, dass man versteht, dass man sich diesem Wert <u>NICHT</u> entziehen kann! Es reicht nicht aus, sich ein Spiel auf der Seite des Anbieters anzusehen, welches 0:0 endet und dann zu sagen, jetzt kann ich beruhigt weiterspielen. Der Wert bedeutet tatsächlich, dass Sie erwarten können, dass jedes 12. Spiel (im Mittel), dass Sie sich aussuchen, torlos endet. Dieses Ereignis kann 2x in 3 Spielen nacheinander eintreten, oder auch mal 20 Spiele lang gar nicht, aber entziehen kann man sich diesem Wert niemals.

Dies bedeutet, dass ich mit den restlichen „11 Wetten" so viel Geld gewinnen muss, dass ich es mir erlauben kann, die „12. Wette" zu verlieren.

Wie mache ich das?

Die Antwort ist relativ simpel: Mit Live-Wetten auf genau das Ereignis, dass mindestens 1 Tor in einem Spiel fällt.

Konkret:

Ich habe 1000€ gespart und dieses Geld bei einem Sportwetten Anbieter eingezahlt. Jeder andere Geldbetrag geht natürlich auch, aber Sie werden sehen, dass dieser Wert bzgl. Ertrag und Risiko durchaus gut gewählt ist.

Diese 1000€ unterteile ich nun in 3 „Pötte". 300€ sind der Einsatz, das Spielgeld, für meine Wetten. 600€

liegen für den Verlustfall bereit. Wozu die restlichen 100€ dienen, erkläre ich später.

Ich suche mir morgens meine Spiele für den Tag aus. Diese haben folgende vier Eigenschaften:

- Beide Mannschaften haben maximal 10% 0:0 Ergebnisse bisher in der Liga (20 Spiele 2x 0:0; 25 Spiele 2x 0:0 usw.) erzielt
- Die Liga hat bisher mindestens 10 Spieltage gespielt
- Beide Mannschaften haben in ihren letzten 10 Spielen mindestens einmal torlos geendet
- Beide Mannschaften haben im letzten Spiel nicht 0:0 gespielt

Am krassen Beispiel von Virtus Verona sehen wir, dass es ganz böse nach hinten los gehen kann, wenn man sich den Ew errechnet, wie groß die Wahrscheinlichkeit ist, dass eine Mannschaft nicht zwei, drei oder gar vier Mal hintereinander 0:0 spielt. Rechnen Sie sich das mal aus ;-)

Es gibt ja einen Grund weshalb die Mannschaften 0:0 gespielt haben und weshalb sollte dies nicht bei gerade diesen Mannschaften noch einmal passieren? Wie gesagt, wir reden hier von Menschen die agieren und nicht von mathematisch berechenbaren Maschinen. Jedes Spiel ist ein unabhängiges Ereignis.

Mir ist an dieser Stelle durchaus der, oberflächlich betrachtet, Widerspruch zwischen meinen vier Eigenschaften, die eine „tippbare" Begegnung besitzt, und dem gerade geschriebenen bewusst.

Der Unterschied liegt hierbei darin, dass ich diese vier Eigenschaften nicht konkret berechnet habe (Ew). Ich habe sie ausgewählt, weil ich damit die größten Erfolge erzielt habe. Es liegt also eine Erwartung im wörtlichen Sinne vor, aber nicht der mathematische Begriff des Ew.

Wie Sie sich sicher denken können, gibt es tgl., aber besonders von Freitagnachmittag bis Sonntagabend sehr viele Begegnungen, auf die meine vier Kriterien zutreffen. Und dies ist auch nötig. Es gibt durchaus Tage, an denen ich keine Spiele tippen kann.

Warum?

Ich warte bei jedem Spiel darauf, dass die Quote für das Ereignis, dass ein Tor fällt, auf 1,36 steigt.

Wenn Sie von der Quote 1,36 die fünf prozentige Steuer abziehen, die in Deutschland auf gewonnene Wetten zu zahlen ist, erhalten Sie eine Nettoquote von: ~1,29

$$1,29 \times 1,29 \times 1,29 \sim 2,15$$

Somit habe ich nach drei Wetten meinen Einsatz mehr als verdoppelt. 300€x 1,29x1,29x1,29 = 645€

Daraus ergibt sich, dass man zwei Werte gegeneinander stellen kann:

Von 100 „wahllos" gewählten Spielen enden acht torlos

<->

Nach bereits drei gewonnenen Spielen, kann ich einmal verlieren und habe trotzdem noch einen Gewinn / eine Rendite von rund 15%!

Was habe ich nun nach diesen ersten drei Spielen getan? Ich habe die 300€ Gewinn auf mein „Spielbankkonto" eingezahlt (ich habe ein Unterkonto meines Bankkontos eingerichtet) und die 45€, die über dem doppelten Wert liegen, auf mein „Haushaltskonto" eingezahlt (was man hat, hat man).

Nun kommen die 100€ ins Spiel. Man muss verstehen, dass die Statistik sagt, dass jedes 12. Spiel torlos endet. Da ist es nicht damit getan, dass man sagt, man sieht sich Spiele an, und sobald eines 0:0 ausgeht, spiele ich dann weiter. Vielmehr ist es so, dass jedes 12. Spiel, welches man sich zum Tippen aussucht, mit weniger als einem geschossenen Tor endet. Also spiele ich mit den ausgesuchten Spielen weiter, die eine Mindestquote von

1,36 erreichen, und setze aus diesen 100€ jeweils 1€ darauf, dass ein Tor erzielt wird.

Warum?

Ich mache dies so lange, bis ich einmal, oder zweimal kurz hintereinander verloren habe (2 v. 3 Spielen). So glaube ich, dass ich die „Wahrscheinlichkeit erhöhe" meine 300€ nicht zu verlieren. Dieser Vorgang vollzieht sich allerdings nach Gefühl und ist mehr oder weniger wahllos. Aber Fakt ist, dass ich eine der folgenden Wetten verlieren werde. Dies weiß ich. Und das Schlimmste, was passieren kann, nach dieser Vorgehensweise, ist, dass man „20 Spiele" hintereinander 0,29€ gewinnt und dann 1€ verliert – damit kann ich sehr gut Leben.

Warum zahle ich mir die 300€ Gewinn nicht auf mein „Haushaltskonto" aus?

Die Frage, **ob** ich irgendwann auch mal drei, vier oder fünf Spiele hintereinander verliere, stellt sich meiner Meinung nach nicht. Die Frage ist eher: **wann** passiert dies. Und dadurch, dass ich mir zu Beginn ein Polster von fünf Spielen aufgebaut habe, kann ich de facto erst einmal kein Geld verlieren, das ich mir hierfür nicht angespart oder gewonnen habe.

*An dieser Stelle der Hinweis, dass man **niemals** mit Geld spielen sollte, dass man für anderweitige Zwecke **zwingend** benötigt!*

Nach der fünften Verdoppelung habe ich mir den Gewinn komplett auf mein „Haushaltskonto" ausgezahlt, oder mit einem erhöhten Beitrag weiter gespielt. So lange das Spielgeld auf dem Konto des Wettanbieters unter den eingezahlten 1000€ steht, zahle ich mir gar kein Geld aus. Und erst wenn ich die 3x 300€ verloren habe, würde ich meine für diesen Fall zurückgelegten 900€ wieder einzahlen.

Wie kann man nun feststellen, ob diese Art und Weise des Wettens etwas für einen ist?

Ich favorisiere hier Seiten wie „blogabet.com", auf denen man sich kostenlos anmelden kann und Tipps abgibt. Nachdem das Spiel beendet ist, muss man das Ergebnis eintragen, damit der Blog nicht geschlossen wird. Der Vorteil hierbei ist, dass man einen aktuellen Überblick über die Rendite und den Gewinn, den man erzielt hat, erhält, ohne sich selbst „bescheißen" zu können. Als Einsatz sollte man immer 3/10 (in meinem Fall also 300€ von 1000€) wählen.

Spielen Sie 100, 200, oder wie auch immer viele Spiele und sehen Sie sich ihr Ergebnis an. Sind Sie im positiven Bereich – herzlichen Glückwunsch – und viel Glück beim Wetten, sind Sie im negativen Bereich, sollten Sie sich dazu entschließen dieses System nicht zu spielen.

Bedenken Sie, gerade weil Fußball und andere Sportarten von Menschen gespielt wird, ist die Wette auf ein Ereignis immer auch ein Glücksspiel.